AF548567

Voll ungerecht!

Ahmet Özdemir

Ahmet Özdemir

Voll ungerecht!

Demokratie-Geschichten von Ali und Anton

Shaker Media

Bibliografische Information der Deutschen Nationalbibliothek
Die Deutsche Nationalbibliothek verzeichnet diese Publikation in der Deutschen National- bibliografie; detaillierte bibliografische Daten sind im Internet über http://dnb.d-nb.de abrufbar.

Printed in Germany.

ISBN 978-3-95631-995-2

Shaker Media GmbH • Am Langen Graben 15a • 52353 Düren
Telefon: 02421 / 99 0 11 - 40 • Telefax: 02421 / 99 0 11 - 49
Internet: www.shaker-media.de • E-Mail: info@shaker-media.de

Ahmet Özdemir

Der Autor lebt in Köln, ist verheiratet und hat zwei Töchter.
Er arbeitet als Leiter des Medienzentrums und der Stadtbibliothek und fungiert zudem als Dozent an der Hochschule für Polizei und öffentliche Verwaltung.
In seiner Freizeit widmet er sich dem Thema Integration und Inklusion. Sein Ziel ist, mit dem Kinderbuch alle Kitas, Grundschulen und soziale Einrichtungen in Deutschland für eine Lesung zu erreichen - für eine bessere Zukunft.

www.kinderbuchautor-ahmet.de

Julie Kastner

Die Illustratorin aus Bochum, im Alter von 20 Jahren, begann ihre kreative Reise schon während der Schulzeit. Nach dem Abitur widmete sie sich einem freiwilligen sozialen Jahr in einer liebevollen Mutter-Kind-Einrichtung, in der sie die Wände mit Waldtieren gestaltete. Bald darauf eröffnete sich ihr ein ersehnter Traum - die Gelegenheit, ihr erstes Kinderbuch zu gestalten. Und nun, während sie ihr Psychologie-Studium beginnt, kann sie ihre kreative Reise mit der Illustration dieses Kinderbuches fortführen.

www.julie-kastner.de

Inhaltsverzeichnis

Vorwort für Erwachsene

Liebe Leserinnen und Leser,

herzlich willkommen zu diesem besonderen Kinderbuch zum Thema Demokratie. In einer Zeit, in der wir uns immer wieder mit komplexen Themen und Herausforderungen auseinandersetzen müssen, ist es von großer Bedeutung, bereits den jüngsten Mitgliedern unserer Gesellschaft die Grundlagen unserer Demokratie zu vermitteln.

Demokratie ist viel mehr als nur ein Wort – es ist ein wertvolles Konzept, das uns die Möglichkeit gibt, gemeinsam über wichtige Angelegenheiten zu entscheiden, Rücksicht aufeinander zu nehmen und eine Gesellschaft zu gestalten, in der jeder Mensch eine Stimme hat.

Dieses Buch möchte Kindern altersgerecht erklären, was Demokratie bedeutet und wie sie funktioniert. Denn Demokratie beginnt schon bei uns zu Hause, in der Schule und im Freundeskreis. Jede und jeder kann etwas dazu beitragen, dass unsere Welt ein bisschen fairer, offener und respektvoller wird.

Auf den kommenden Seiten werden unsere jungen Leserinnen und Leser Ali und Anton auf ihrer Reise begleiten: Die beiden Kinder entdecken die Bedeutung von Meinungsfreiheit, Toleranz und Gleichheit. Gemeinsam mit ihnen werden sie lernen, dass es wichtig ist, anderen zuzuhören, Empathie zu zeigen und Kompromisse zu finden.

Als Autor dieses Buches liegt es mir am Herzen, die Begeisterung für Demokratie zu wecken und Kindern zu vermitteln, dass ihre Meinung zählt, egal wie klein sie auch sein mögen. Denn in einer Demokratie zählt jede Stimme, und nur gemeinsam können wir eine bessere Welt für uns alle erschaffen.

Ich möchte mich an dieser Stelle bei allen bedanken, die an der Entstehung dieses Buches mitgewirkt haben – von der Illustratorin, die mit ihren wundervollen Zeichnungen die Geschichte zum Leben erweckt hat, bis hin zu den Eltern und Lehrkräften, die sich für eine Erziehung einsetzen, die auf Werten wie Gleichberechtigung und Respekt basiert.

Nun wünsche ich Ihnen und Ihren Kindern viel Freude beim Lesen und Entdecken der faszinierenden Welt der Demokratie.

Möge dieses Buch dazu beitragen, dass wir gemeinsam eine Gesellschaft formen, in der wir alle eine Stimme haben und in der niemand zurückgelassen wird.

Herzlichst

Ahmet Özdemir

Nur wer mitmacht, kann etwas verändern.

EINE NEUE SCHÜLERIN

„Wer ist das denn?“ Anton stößt seinen Freund Ali an. Diese Schülerin hat er noch nie gesehen, die da vor dem Klassenzimmer nervös von einem Fuß auf den anderen tritt.

„Kein Plan“, meint Ali.

Die beiden bleiben erst mal in sicherer Entfernung. Bloß nicht anmerken lassen, dass sie eigentlich gern mehr über die Neue wüssten, sich aber nicht trauen, sie anzusprechen! Doch als ihre Freundin Rudy einfach auf die Unbekannte zugeht, spitzen sie neugierig die Ohren:

„Hi, ich bin Rudy, und du?“

Mit einem schüchternen Lächeln antwortet die Neue: „Ich heiße Leila.“

Rudy lächelt zurück. „Wie geht‘s dir?“, fragt sie freundlich.

Leila stottert zuerst ein wenig und sagt zögernd: „Ja, äh, danke dir, alles gut. Und wie geht‘s dir?“

Bevor Rudy antworten kann, schießt Anton plötzlich los: „Na, das ist ja wunderbärchen. Nicht schlecht, Herr Specht. Alles roger in Kambodscha.“ Er gibt Ali ein High Five.

Der weiß schon, dass Anton immer solche Sprüche bringt, wenn er ein bisschen aufgeregt ist – das aber total nett meint. Leila hingegen hat ein großes Fragezeichen im Gesicht. Deshalb versucht Ali schnell abzulenken: „Ich bin Ali. Der Name kommt aus der Türkei.“

„Ah, schön“, antwortet Leila, „mein Name ist arabisch, aber wir kommen aus der Ukraine.“

KLASSE

Noch eine ganze Weile unterhalten sich die vier darüber, wo sie und ihre Eltern herkommen, welche Sprachen bei ihnen zu Hause gesprochen werden und welche Sprachen sie wann am liebsten benutzen. Das ist schon erst mal spannend, aber irgendwann wird es Anton zu viel Gequatsche. Er schnappt sich den Ball, der in der Ecke liegt, und kickt ihn mit ganzer Kraft zu Ali.
Der nimmt ihn an, sieht aber gar nicht glücklich dabei aus. „Hey, warte mal. Ich war grad mitten im Satz, Mann. Wie wär's, wenn du erst mal fragst, bevor du mich anschießt? Und dann noch hier im Flur, wo wir Ärger kriegen können…"
„Ja, echt mal", meint Rudy, „Fußball ist eh doof."
„Fußball ist doch nicht doof", ruft Anton, „ihr seid doof!" Er merkt, wie es in seinem Bauch anfängt zu brodeln. Dass Ali ihn so blöd dastehen lässt, ausgerechnet vor der Neuen! Anstatt zu ihm zu halten wie ein richtiger Freund!
Leila steht mittendrin und schaut alle drei an. In ihrem Kopf rattert es. Sie will es sich mit den anderen nicht gleich verscherzen. Aber sie hat sich vorgenommen, immer ihre Meinung zu sagen, denn sie hat null Komma null Lust darauf, immer alles herunterzuschlucken. Also nimmt sie ihren ganzen Mut zusammen und sagt: „Äh, ja, also, ich meine, Fußball ist Geschmackssache. Jeder darf das spielen, worauf man Lust hat. Aber jeder soll auch seine Meinung dazu sagen können, solange niemand beleidigt und persönlich verletzt wird."
Als Rudy ihr zustimmend zunickt, ist Leila erleichtert.
„Warte mal", sagt Rudy dann sogar, „ich kenne ein Wort dafür: Denokatie oder so?"
„Denokatie? Bist du sicher?", antwortet Ali mit gerunzelter Stirn.
„Was ist das denn für ein beknacktes Wort?", motzt Anton. Aber die Wut in seinem Bauch kocht schon auf kleinerer Flamme. Auch wenn er es noch nicht vor den anderen zugeben möchte: Er versteht, was sie meinen. Denn er kennt ja auch dieses miese Gefühl, wenn man bei etwas mitmachen soll, das man gar nicht möchte. Außerdem schaut Leila ihn immer noch richtig nett an. So blöd scheint sie ihn also gar nicht zu finden.
„Du meinst Demokratie?", fragt Leila freundlich.
„Ja, genau, Demokratie", antwortet Rudy und lächelt Leila zu.

Kennst du das Wort Demokratie schon? Wo hast du das erste Mal davon gehört? Was würdest du an Antons Stelle als Nächstes machen?
Warst du schon mal neu in einer Gruppe? Was hat dir dabei geholfen, dich in der neuen Gruppe wohl und sicher zu fühlen?

STREIT UM DIE KLASSENREGELN

„Unsere Klassenregeln“, schreibt Herr Rosen am nächsten Tag zu Beginn der Klassenstunde an die Tafel. Anton stöhnt. Ständig sollen sie irgendwelche Regeln befolgen!

Doch dann erklärt Herr Rosen, dass die Kinder die Regeln selbst festlegen können. Das klingt schon viel besser.
„Es geht darum, wie ihr in der Klasse miteinander umgehen wollt“, erklärt Herr Rosen. „Überlegt mal in Kleingruppen, was euch wichtig ist, und schreibt eure Ideen auf die Plakate.“
„So eine schwere Aufgabe“, meint sogar Rudy. Dann überlegt sie eine Weile und schlägt vor: „Keine Beleidigungen. Die kann ich echt nicht ab.“
Währenddessen hat Anton sich schon den Stift geschnappt und angefangen zu schreiben: „Kostenlose Süßigkeiten-Flatrate von Montag bis Freitag!“
Ali und Leila müssen lachen. Aber Rudy wird wütend: „Du hörst mir ja gar nicht zu, Anton. Es kann doch nicht sein, dass nur deine Antworten hier Platz finden.“
Leila hört auf zu lachen und stimmt Rudy zu: „Du hast recht. Lasst uns lieber gemeinsam eine Entscheidung treffen.“
Anton aber ignoriert die beiden Mädchen und diesmal bekommt er von Ali Rückendeckung: „Jetzt meckert hier mal nicht so rum. Der Anton hat es eben drauf“, sagt Ali, „war doch eine super Idee von ihm.“
„Was heißt denn ‚Anton hat es drauf‘? Wir nicht oder was?“, will Rudy zornig wissen. Auch Leila ist gar nicht überzeugt von Antons und Alis Vorgehen.
Die vier geraten in einen Streit. „Also passt mal auf. So wird das nichts“, ruft Rudy schließlich in die Runde. „Wir müssen alle gemeinsam die Regeln aufstellen. Das ist ein gemeinsames Projekt und da sollen die Meinungen und Antworten von uns allen einfließen.“Ali tippt sich erst nervös an die Brille und dann Anton an die Schulter: „Rudy und Leila haben recht, Anton.“
Der schaut ihn verdutzt an: „Seit wann gibst du Mädchen recht?“
Ali antwortet entschlossen: „Seit heute.“ Dann grinst er Anton an: „Die Süßigkeiten-Flatrate will ich aber trotzdem.“
Da muss auch Anton ein bisschen grinsen. Und dann schreiben die vier nicht nur „Keine Beleidigungen“ und „Wir hören einander zu“ auf ihr Plakat, sondern auch: „Wir bringen abwechselnd jeden Montag für alle eine kleine Süßigkeit mit.“

Welche Regeln wünschst du dir für deine Klasse?

DIE GEHEIME WAHL

In der Schule steht eine wichtige Entscheidung an: Ein neuer Klassensprecher oder eine neue Klassensprecherin soll gewählt werden.
„Wen soll ich denn bloß wählen?", fragt Rudy Leila.
„Rudy, das musst du doch selbst entscheiden", antwortet ihre neue Freundin energisch. „Lass dich von niemandem beeinflussen. Das ist deine Wahl."
„Außer Ali und Anton hat sich ja niemand zur Wahl gestellt", flüstert Rudy Leila zu. „Das ist ja das Problem."
„Mach es dir doch einfach. Wähle denjenigen, dem du die Sache am meisten zutraust. Du kennst ja wenigstens beide schon gut!", meint Leila, die selbst am Grübeln ist, wen sie wählen soll. Schließlich hat sie beide erst vor Kurzem kennengelernt.
„Das stimmt", antwortet Rudy, „ich überlege mal und dann treffe ich eine Entscheidung…"
Dabei schaut sie Anton und Ali an. Ali bemerkt, dass Rudy ihn anschaut, und lächelt ihr zu. Rudy ist sich jetzt ganz sicher, wen sie wählen möchte. Sie schreibt den Namen auf ihren Stimmzettel.
Leila sieht Rudy an und fragt neugierig: „Wen hast du gewählt?"
„Das bleibt ein Geheimnis", sagt Rudy und zwinkert ihr zu. „Aber ich hoffe, nächstes Jahr lässt du dich auch zur Wahl aufstellen!"
Sofort möchte Ali von den beiden Mädchen wissen, ob sie ihn gewählt haben. Doch weder Rudy noch Leila geben ihm eine Antwort.
Am Ende gewinnt Ali knapp. Er freut sich riesig, aber beim Gedanken an Anton tippt er sich nervös an die Brille: Ob Anton jetzt sauer auf ihn ist? Doch zu seiner Überraschung grinst Anton: „Mehr Arbeit für dich, Kumpel. Und ich werde Stellvertreter! Alles roger in Kambodscha, oder?"

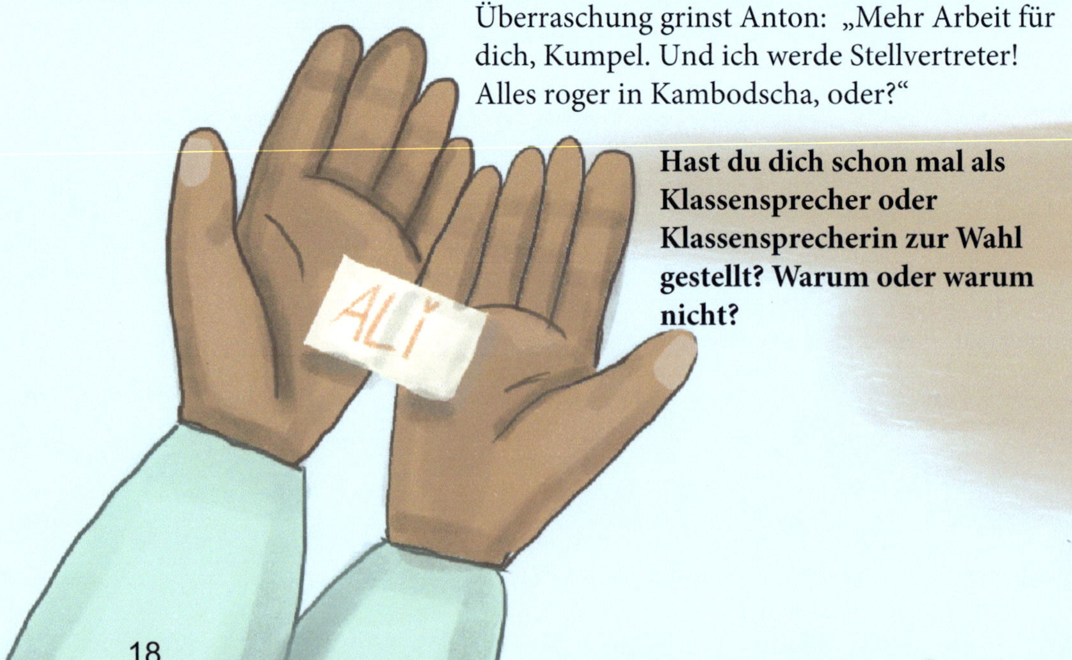

Hast du dich schon mal als Klassensprecher oder Klassensprecherin zur Wahl gestellt? Warum oder warum nicht?

ANTON
ALI

DIE KLASSENVERSAMMLUNG

In der nächsten Klassenstunde fragt Herr Rosen, ob die Kinder Herzenswünsche haben, die sie gerne in die Klasse einbringen möchten.
Rudy hebt als Erste die Hand: „Ich habe einen Wunsch, Herr Rosen! Ich würde mir wünschen, dass wir öfter Ausflüge in die Natur machen und mehr über Tiere lernen."
„Das lässt sich bestimmt machen, Rudy! Ausflüge in die Natur können sehr lehrreich sein. Danke für die schöne Idee", meint Herr Rosen und schreibt den Vorschlag auf.
Während er noch schreibt, schnellt schon Leilas Hand in die Luft. „Herr Rosen, ich fände es schön, wenn wir eine Leseecke in der Klasse einrichten könnten. Dort könnten wir uns gegenseitig Geschichten vorlesen und Bücher tauschen."
Die Leseratten in der Klasse nicken begeistert, ein paar andere Kinder verdrehen die Augen, weil sie Lesen meistens langweilig finden.
„Mit vielen Comics", schiebt Leila schnell nach. „Und wer will, kann sich dort auch einfach mal ausruhen."
Da fangen noch mehr Kinder an zu lächeln. Ein schönes Gefühl für Leila! Und auch Herr Rosen wirkt zufrieden und schreibt alles auf.
Als Nächstes ist Anton dran: „Ich wünsche mir, dass wir mehr Sportgeräte für die Pausen haben. So könnten wir uns besser bewegen und mehr Spaß haben."
„Ja", rufen gleich mehrere Kinder.
Und Ali setzt seine Klassensprecher-Miene auf und sagt: „Die Schule will ja bei sowas immer Geld sparen. Das finde ich nicht fair."

„Ist notiert", sagt Herr Rosen, „ich kann euren Wunsch gut verstehen." Und als er die zufriedenen Gesichter in der Klasse sieht, fügt er an Ali gewandt hinzu: „Hast du selbst auch noch einen Wunsch, Herr Klassensprecher?"
Ali überlegt eine Weile und sagt dann: „Also, ich fände es super, wenn wir eine Umwelt-AG gründen könnten. Da könnten wir Ideen sammeln, wie wir die Umwelt schützen können. Und am besten gleich hier in der Schule damit anfangen…" Er ist ziemlich stolz auf diese Idee und würde am liebsten gleich mit der AG loslegen. Doch erst mal prasseln nun von allen Seiten weitere Wünsche auf Herrn Rosen ein:
„Ich hab auch noch einen Wunsch!"
„Ich möchte eine Mal-Ecke haben!"
„Ich wünsche mir mehr Experimente im Unterricht!"
„Können wir eine Schul-Tierfarm haben?"
„Und ich hätte gerne einen Gemüsegarten!"
Herr Rosen sieht ganz beeindruckt aus, aber auch ein bisschen überwältigt von der Menge der Ideen.
„Das sind alles großartige Wünsche", sagt er. „Wir werden nicht alle Wünsche verwirklichen können, aber in der nächsten Klassenstunde stimmen wir alle gemeinsam über die besten Ideen ab und überlegen zusammen, wie wir sie umsetzen können. Ihr seid wirklich eine kreative und engagierte Klasse!"

Was ist dein Herzenswunsch für die Schule? Wie könntest du zusammen mit anderen dafür sorgen, dass sich der Wunsch erfüllt?

RESPEKT UND TOLERANZ

„Vorsicht!“, schreit Rudy die drei Jungs aus der Nachbarklasse an. Einer von ihnen hat sie gerade am Schultor mit voller Wucht angerempelt und dann sind alle drei lachend weitergezogen, als würde Rudy gar nicht existieren.

„Seht ihr nicht, dass ich hier sitze?“, ruft Rudy ihnen hinterher.

„Nö“, antwortet der Junge, der sie angerempelt hat, eiskalt.

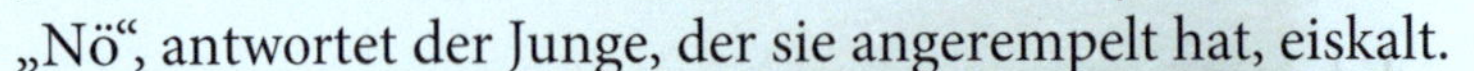

„Wir sehen nur, dass da ein Mädchen sitzt“, fügt sein Kumpel hinzu und die beiden geben sich johlend einen Faustcheck.
Voller Wut steht Rudy auf und will den Jungs ihre Meinung sagen. Doch die sind schon längst auf dem Weg zu ihren Fahrrädern.
„Von Mädchen lassen wir uns gar nichts sagen“, ruft der dritte Junge ihr über die Schulter noch hinterher. Rudy fängt an zu weinen.

Leila bemerkt es, eilt sofort zu ihr und fragt sie, was los ist.
„Ich kenne diese Jungs schon", sagt sie grimmig, nachdem Rudy ihr erzählt hat, was vorgefallen ist. „Gestern habe ich mitgehört, wie sie über ein Mädchen gelästert haben, weil es rote Haare hat. Und dann haben sie Paul geärgert wegen seiner Brille mit den dicken Gläsern."
Sie umarmt Rudy fest. Das fühlt sich so gut an, dass Rudy ihrer Freundin anvertraut, dass sie nicht zum ersten Mal Probleme mit den drei Jungs aus der Parallelklasse hat. „Letzte Woche haben sie mir einen richtig schlimmen rassistischen Spruch reingedrückt", sagt sie leise, während sie sich die Tränen mit einem Taschentuch abtrocknet. „Und jetzt das! Als ob ich für sie nicht zähle, weil ich ein Mädchen bin."
„Ich kenne das Gefühl", antwortet Leila ebenso leise und guckt traurig zu Boden. Dann richtet sie sich auf. Sie hat sich ja schließlich vorgenommen, Ungerechtigkeiten nicht mehr zu schlucken. Aber sie will auch nichts tun, was Rudy unangenehm sein könnte. Also fragt sie lieber nach:
„Du vertraust mir, oder? Und Ali und Anton auch? Ist es okay, wenn ich die beiden zur Hilfe hole? Und wir dann zusammen noch mal mit den Jungs reden?"
Rudy zögert kurz. „Okay", sagt sie dann langsam. „Aber ich bleibe lieber erst mal hier. Noch eine Beleidigung kann ich gerade nicht gut aushalten…"

Es dauert nicht lange, bis Leila, Ali und Anton wieder vor ihr stehen.
„Und, habt ihr was erreichen können? Konnte man mit denen überhaupt sprechen?", fragt Rudy neugierig.
Bevor jemand von den dreien antworten kann, kommen die Jungs von den Fahrradständern dazu. Rudy rechnet mit dem Schlimmsten, aber sie strafft ihre Schultern und sagt mit kräftiger Stimme: „Ja, was gibt's?"
„Wir möchten uns entschuldigen", sagt der Junge, der sie vorhin angerempelt hat.
Rudy kann es nicht glauben, aber er sieht ehrlich schuldbewusst aus.
Sie wirft Leila einen freudigen Blick zu.
„Entschuldigen?!", sagt sie dann an die Jungs gewandt.
„Was ist denn mit euch passiert? Hat euch der Schlag getroffen?
Oder habt ihr ein Ufo gesehen?" Der Junge guckt bloß wortlos vor sich hin.
Seine Freunde stammeln beide noch etwas, das nach „Sorry" klingt, dann drehen sich alle drei um und gehen wieder zu ihren Fahrrädern, diesmal mit hängenden Schultern statt mit Gejohle. „Wie habt ihr das denn hinbekommen?", fragt Rudy.
„Das bleibt unser Geheimnis", antwortet Ali und tauscht verschwörerische Blicke mit Leila und Anton, „aber du kannst dich darauf verlassen, dass es nichts Gemeines war."

Was könnten Ali, Anton und Leila deiner Meinung nach gemacht haben? Hast du schon mal etwas Ähnliches erlebt wie Rudy? Was hat dir in der Situation geholfen?

Gemeinsam für eine bessere Welt

„Was ist eigentlich los mit dir?“ Anton stupst Ali freundschaftlich an. Sein Freund ist heute schon die ganze Zeit mit den Gedanken woanders, starrt vor sich hin und scheint gar nicht mitzubekommen, was um ihn herum passiert.
„Oh, äh, ich“, stammelt Ali, „ähm, es klingt vielleicht komisch, aber ich … träume von einer besseren Welt.“
Mit dieser Antwort hat Anton nicht gerechnet. Er ist erst mal baff. „Hä?“, sagt er und schaut Ali dabei neugierig an.
„Ich habe in den Kindernachrichten gestern so viel über Länder gehört, in denen es den Leuten echt nicht gut geht“, erklärt Ali. „Weißt du, die Kinder können da nicht in die Schule. Die Menschen haben kaum was zum Essen. Kein Dach überm Kopf, keinen Strom, kein Wasser … Irgendwie macht mich das echt fertig. Das ist doch einfach voll ungerecht!“.
Anton bekommt bei dem Gedanken daran, dass irgendwo auf der Welt gerade Kinder nichts zu essen haben und auf der Straße schlafen müssen, auch ein mulmiges Gefühl im Bauch.
„Vielleicht können wir irgendwas dagegen machen?“, fragt er vorsichtig.
Das bisschen Taschengeld, das er gespart hat, hilft bestimmt nicht viel, aber vielleicht fällt ihnen ja noch etwas ein?
Nachdem die beiden eine Weile stumm gegrübelt haben, meint Ali zögerlich: „Wie wär’s, wenn wir … hier in der Schule Spenden sammeln? Vielleicht … hm … mit einem Trödelmarkt oder so? Oder wir verkaufen Kuchen?
Und dann spenden wir das Geld an eine Hilfsorganisation?“
„Das ist es!“, ruft Anton begeistert, der gar nicht versteht, warum Ali diese tolle Idee so zögerlich vorgestellt hat.
„Komm, wir fragen Rudy und Leila, ob sie mitmachen!“
Rudy und Leila sind sofort Feuer und Flamme für Alis Idee.
Zusammen überlegen die vier, wie sie das Ganze am besten anstellen können.
„Auch in Deutschland gibt es Armut“, sagt Rudy dabei irgendwann nachdenklich. „Eine Menge Kinder haben nichts zu spielen oder anzuziehen. Und nicht genug zu essen. Mein Papa sagt, viele müssen zur Tafel, weil sie sonst nicht satt werden.“

„Tafel?", fragt Leila. „Die Schultafel vorne im Klassenzimmer oder wie?" Rudy schüttelt den Kopf und muss lachen. „Nein, nein, nicht die Schultafel. Die Tafel versorgt arme Menschen mit Lebensmitteln, Spielzeug und solchen Sachen", erklärt sie. „Dafür sammeln die Leute von der Tafel Spenden und verteilen sie dann." Auch Ali und Anton hören neugierig zu. Ali geht dabei schon im Kopf alle seine Spielsachen durch – er überlegt, welche davon er weitergeben könnte, weil er sie selbst sowieso nicht mehr braucht. Gleich heute Nachmittag will er mit seinen Eltern darüber sprechen. Aber jetzt müssen sie erst mal zu Mathe!

Welche Ungerechtigkeiten auf der Welt beschäftigen dich am meisten? Hast du schon mal versucht, etwas dagegen zu tun? Mit wem könntest du dich dafür zusammenschließen?

Demokratie im Alltag

„Ihr kriegt mich nie!", ruft Ali lachend und flitzt schon mal los.
Dabei haben die Kinder mit ihrem Fangspiel namens „Versteckte Schätze" eigentlich noch gar nicht richtig angefangen. Sie wollen nämlich alle ihre eigenen Regeln…
„Derjenige, der gefangen wurde, muss 30 Sekunden lang in einer ‚Schatztruhe' stehen, bevor er wieder mitspielen darf", ruft Rudy gerade.
„Okay", sagt Leila, „aber nur, wenn wir auch eine ‚Schutzzone' rund um die Schatztruhe machen, damit sich der Gefangene dort sicher fühlen kann. Und außerdem fände ich noch gut, wenn –"
„Ach, das dauert doch alles zu lange!", ruft Anton dazwischen. „Lasst uns einfach spielen, wie ich es vorhin gesagt habe – ohne eure ganzen Extra-Regeln!"
Aber die anderen Kinder lassen nicht zu, dass er sich einfach so durchsetzt.
„Ich möchte lieber, dass wir uns erst mal alle Ideen anhören und gemeinsam entscheiden, wie wir spielen wollen", sagt Rudy entschlossen. Leila stimmt ihr zu: „Ja, genau, jeder sollte eine Stimme haben und gehört werden." Und auch Ali, der inzwischen zu ihnen zurückgesaust ist, nickt. „Wie wär's, wenn wir jeder eine Regel sagen dürfen und dann abstimmen, welche wir benutzen?", fügt er hinzu, noch immer etwas aus der Puste vom Rennen. „Okay, okay", sagt Anton widerwillig, „dann halt De-mo-kra-tie." Bei jeder Silbe dieses langen Wortes schlägt er eines der anderen Kinder sanft an wie beim Fangen – und da müssen sie alle lachen. Danach spielen sie „Versteckte Schätze" mit den gemeinsamen Regeln. Alle haben Spaß und fühlen sich gehört und respektiert. Manchmal hat jemand von ihnen während des Spiels noch eine Idee für eine neue Regel – dann stimmen sie ab, ob die Regel noch dazukommen soll. Die Mehrheit entscheidet.

Wolltest du schon mal andere Spielregeln als der Rest der Gruppe? Wie habt ihr das Problem gelöst? In welchen Alltagssituationen kann eine Abstimmung deiner Meinung nach weiterhelfen?

MUT ZUR VERÄNDERUNG

„Wie findet ihr eigentlich Herrn Rosen?“, fragt Rudy die anderen Kinder im Bus auf dem Weg nach Hause.
„Echt nett“, antwortet Leila, „der ist fast schon zu nett.“
„Wie nett? Nur nett oder nett-nett?“, witzelt Ali. Leila rollt mit den Augen, aber Anton muss grinsen. Doch dann wird er nachdenklich und meint: „Naja, was denkt ihr denn, wie lange er überhaupt an der Schule bleibt? Ich hab zufällig mitbekommen, wie er der Hausmeisterin erzählt hat, dass er noch nicht weiß, wie es in einem halben Jahr für ihn weitergeht.“
„Das ist aber schade“, grummelt Rudy. Und dann macht sie dem Ärger Luft, der sich schon seit einer Weile bei ihr angestaut hat: „Dann lassen sie uns also schon wieder hängen! Ständig fallen Stunden aus, aber wir müssen trotzdem in der Schule rumsitzen. Und dann sind die Lehrer auch noch andauernd genervt von uns, als ob wir daran schuld wären, dass sie Stress haben.
Frau Jones ist gestern in Englisch voll ausgerastet,
bloß weil Anton einen Witz gemacht hat.
Und Herr Nowak neulich auf dem Schulhof –“ Rudy ist richtig in Fahrt.

Damit hat sie die anderen so angesteckt, dass jetzt alle durcheinanderreden, so vieles stinkt ihnen gerade an den Zuständen in ihrer Schule.
„Haltet mal alle kurz die Klappe", ruft Anton irgendwann.
Die anderen sehen ihn mit hochgezogenen Brauen an, werden aber für einen Moment ruhig. „Ali, du bist doch Klassensprecher. Kannst du da nicht was machen?", fragt Anton. Ali erkennt die Stichelei sofort. Ein bisschen übel nimmt Anton es ihm also doch noch, dass er die Wahl zum Klassensprecher knapp gewonnen hat. „Und du bist Stellvertreter! Warum hast du denn noch nichts gemacht?", stichelt Ali also direkt zurück. „Lasst uns doch alle zusammen was machen…", unterbricht Rudy die gegenseitigen Sticheleien – dann aber auch sich selbst: „Oh no, ich muss aussteigen! Bis morgen denken wir uns alle was aus, ja? Tschau!"

Tatsächlich haben alle vier am nächsten Tag Ideen mitgebracht. Ali hat zusammen mit seiner Mutter im Internet nach Informationen gesucht und herausgefunden, dass in zwei Wochen eine Demonstration für bessere Bedingungen in der Bildung stattfinden soll. Und vor allem hat er seine Mutter gleich dazu überredet, mit ihnen dorthin zu fahren.
Leila schlägt vor, dass sie vorher zusammen Schilder für die Demo malen könnten, und Anton will seine Cousine fragen, ob sie dann coole Fotos davon machen könnte. Die ist nämlich schon in der 10. Klasse und eine Menge Leute folgen ihr auf Instagram. Rudy hat sich daran erinnert, dass Herr Rosen ihnen neulich etwas über Petitionen erzählt hat. Sie könnten doch mithilfe von ein paar Erwachsenen einen Text für eine Petition schreiben und dann erst mal an ihrer Schule anfangen, Unterschriften zu sammeln.

„Und unser Klassensprecher", sagt Anton schließlich mit einem frechen Blick hinüber zu Ali, wobei er das Wort „Klassensprecher" übertrieben betont, „kann ja in der SV allen davon erzählen."
Und dann macht er Herrn Rosen so überzeugend nach, dass sich die anderen vor Kichern kaum noch einkriegen, und erklärt mit erhobenem Zeigefinger:
„SV bedeutet Schülervertretung. Dort können sich alle Schülerinnen und Schüler für ihre Rechte stark machen."

Was würdest du an deiner Schule oder in deinem Wohnort gern verändern? Kennst du Beispiele, wie Kinder sich für Veränderungen eingesetzt haben? Wie haben sie das gemacht?

DIE GROßE FEIER

Als die Kinder zwei Wochen später von der Demo zurückkommen, sind sie sich sicher: Sie wollen sich weiter für ihre Ziele einsetzen. Es war ein tolles Gefühl, auf der Demo zu sehen, dass sie nicht die Einzigen sind, die etwas verändern wollen. Als Erstes haken sie bei Herrn Rosen nach, ob sie jetzt die Umwelt-AG gründen können, die Ali sich in der Klassenstunde gewünscht hat.
Und weil Herr Rosen das bejaht, erzählen sie ihm gleich noch weitere Ideen – zum Beispiel, wie sie das Schulgelände verschönern wollen und dass die Schule mehr gegen Mobbing unternehmen sollte, auch schon, bevor es passiert.
Herr Rosen ist sichtlich begeistert von der Initiative der Kinder.
„Das sind wirklich großartige Ideen", sagt er. „Es ist toll zu sehen, wie ihr euch für Mitbestimmung und Hilfsbereitschaft einsetzt. Ich unterstütze euch dabei gerne."
Diese Reaktion fühlt sich richtig gut an und gibt den Kindern noch mehr Schwung.

Also sprudelt gleich ihre nächste Idee heraus: Sie wollen eine große Feier organisieren, um ihre Mitschülerinnen und Mitschüler über Demokratie und Mitbestimmung zu informieren und sie zu animieren, sich ebenfalls für ihre Interessen einzusetzen. Die Feier soll aber nicht wie eine langweilige Schulveranstaltung wirken.

„Wie wäre es mit dem Motto ‚Spaß statt Stress'?", schlägt Ali vor.

„Gar nicht mal so schlecht", meint Rudy, „der Schulalltag ist ja wirklich oft zu stressig. Da brauchen wir alle auch mal eine schöne Auszeit." Leila und Anton nicken. „Gar nicht mal so schlecht? Das ist die Idee des Jahrhunderts", ruft Ali und klopft sich auf die Brust. Die anderen grinsen.

„Ja, ja, Ali. Was wären wir nur ohne dich!", sagt Anton und knufft seinen Freund in die Seite.

In den nächsten Wochen bereiten die Kinder alles für die Feier vor.

Sie haben Glück: Einige Schülerinnen und Schüler aus anderen Klassen machen auch mit, nachdem Ali in der SV von ihrem Vorhaben erzählt hat.

Gemeinsam backen die Kinder Kuchen für die große Feier und basteln Transparente und Plakate mit ihren Botschaften und Anliegen – zum Beispiel für mehr Umweltschutz, mehr Respekt und mehr Mitspracherecht in der Schule. Die Kinder möchten die Feier außerdem nutzen, um weitere Spenden und Unterschriften für ihre Petition zu sammeln.

Am Tag der Feier ist die ganze Schule voller Aufregung. Die Kinder präsentieren stolz ihre Ideen und Botschaften. Es gibt Spiele, Musik auf der Bühne, viele lustige Aktivitäten. Es wird sogar getanzt. Die Feier zieht nicht nur die Schülerinnen und Schüler, sondern auch die Eltern an. Viele Eltern und auch die meisten Lehrerinnen und Lehrer sind beeindruckt von der Leidenschaft und dem Einsatz der Kinder.

Ali und Anton gönnen sich gerade ein paar Schoko-Muffins am Kuchenstand, als Rudy freudestrahlend zu ihnen gelaufen kommt.
„Guckt mal, da ist jemand von der Zeitung hier aus unserem Ort“, flüstert sie mit leuchtenden Augen.
„Wow“, flüstern Ali und Anton fast gleichzeitig zurück und schielen unauffällig zu der Fotografin hinüber. Und dann flitzen die drei los, um Leila zu suchen.
Sie wird bestimmt auch richtig stolz sein, dass ihre Botschaften und Ideen es sogar in die Zeitung schaffen!